中华中医昆仑

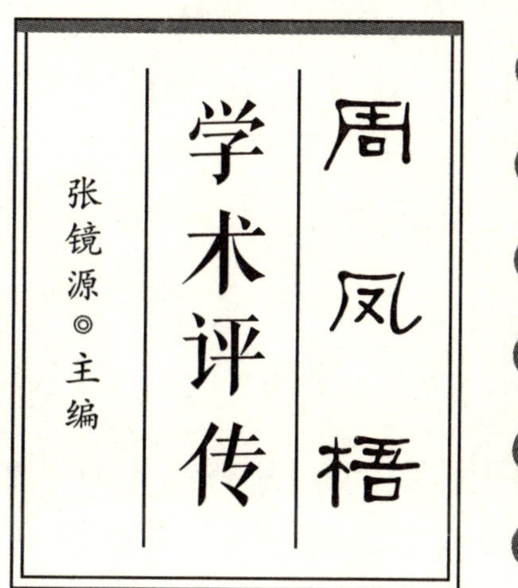

中国盲文出版社

图书在版编目（CIP）数据

周凤梧学术评传（大字版）/ 张镜源主编. —北京：中国盲文出版社，2015.12

（中华中医昆仑）

ISBN 978-7-5002-6787-4

Ⅰ. ①周… Ⅱ. ①张… Ⅲ. ①周凤梧（1912～1997）—评传 Ⅳ. ①K826.2

中国版本图书馆 CIP 数据核字（2015）第 316548 号

周凤梧学术评传

主　　编：张镜源
责任编辑：顾　盛
出版发行：中国盲文出版社
社　　址：北京市西城区太平街甲 6 号
邮政编码：100050
印　　刷：北京华联印刷有限公司
经　　销：新华书店
开　　本：700×1000　1/16
字　　数：42 千字
印　　张：6.5
版　　次：2015 年 12 月第 1 版　2016 年 3 月第 2 次印刷
书　　号：ISBN 978-7-5002-6787-4/K·422
定　　价：12.00 元
销售服务热线：（010）83190297　83190289　83190292

丛书编委会

前　言

中医药是中华民族的伟大创造，是世界医学宝库中的夺目瑰宝，数千年来为中华民族的繁衍昌盛作出了巨大的不可磨灭的贡献，至今仍是中国医药卫生事业不可分割的重要组成部分，在维护民族体魄康健、促进经济社会发展中发挥着不可替代的作用。

中医药学，是中华传统文化和科技文明的结晶，是勤劳聪慧的中华儿女在几千年生产生活实践中，在与疾病作斗争的过程中，创造的独具特色的医学科学体系。它有着浓郁的民族特色、深厚的文化底蕴和丰富的哲学内涵。经过一代又一代中医药传人、一辈又一辈名医大家的实践探索、薪火传承、总结完善、创新发展，逐步形成了系统的理论体系、独特的诊疗方法、丰富的医学内容、实用的制药技术。具有疗效确切、用药安全、应诊灵活、普适简廉和预防保健作用显著的巨大优势，在世界医学之林独树一帜，为人类的文明进步与医疗保健事业，已经并正在作出积极的贡献。

为了弘扬中华民族传统文化，彰显中医药学家的丰功伟绩，当代中医药发展研究中心与中国文学艺术界联合会、国家中医药管理局新闻办公室、中华中医药学会、中国中医科学院、北京中医药大学、世界中医药学会联合会等精诚合作，在国家中医药管理局的支持和指导下，为中华近现代百年来贡献卓著、深受敬仰的150位中医药学家，编撰出版了这部大型传记丛书。丛书采用评传体裁，记载他们的生平事迹、医术专长、学术思想、传承教育、医风医德、养生之道和突出贡献，使这些宝贵的医学成就和精神财富发扬光大，千古流芳。

丛书取名《中华中医昆仑》。昆仑山，被尊为“万山之祖”，柱西北而瞰东南，立中国而凭世界，凌驾乾坤，巍然屹立。以其高峻豪迈、绵延起伏的磅礴气势，寓意中华中医药学历史悠久、博大精深和永不衰竭；以其挺拔雄伟、高耸入云的恢弘气魄，彪炳一代中医药学家的丰功伟绩、杰出贡献和不朽勋业。

丛书入选传主，从全国范围推荐遴选，遍及中医药界各个领域。有临床家、理论家、药学家、教育家、医史文献学家；有名师亲授、世医家教、学派传人、院校毕业和自学成才者；有师徒并驾、父子齐名和伉俪联袂者。他们学术造诣深厚、诊疗技术精湛、临床经验丰富、学科地位崇高、科研成果丰硕、医风医德高尚、国内外影响较大，从医学理论到临床实践，为中医药事业的传承和发展作出了突出贡献，是近现代百年来中华中医药界的杰出代表。

丛书的出版，对于弘扬中华文化，振兴中医药事业，造就中医药人才，普及中医药知识，具有重要的现实意义和深远的历史意义。这是一项开创性工作，填补了我国为著名中医药学家大规模撰写传记的空白；也是一项抢救性工作，因入选传主已仙逝过半，许多亲历、亲见、亲闻的史料日见散逸，将之收集整理、编撰成书，功垂后世、利国利民；更是一项承前启后的工作，总结传主经验，传承中医药伟业，继往开来，光耀世界医学之林。这部医文结合，富蕴历史性、学术性、文学性和实用性的鸿篇巨制，对医疗、卫生、科研、教育及全球关注中华中医药文化的各界人士，都有重要的参考和阅读价值。

丛书的编撰出版，是一项巨大的中医药文

化建设工程，在策划、撰写、编辑、出版过程中，自始至终得到了国家有关领导、政府部门及社会各界人士的关心和支持。国家中医药管理局高度重视，并组织专家对全书进行终审；数百名专家、学者亲临指导，参与规划；有关省、市、自治区卫生厅、局、中医局（处）给予大力帮助；传主及其亲属、弟子热情支持、密切配合；撰稿人深情满怀、辛勤笔耕；编审专家尽心竭力、精工细琢；关爱中医药事业的企业家热心公益、慷慨资助；全体工作人员不辞辛劳、无私奉献，这一切使丛书得以顺利出版。对此，我们深表谢意。

由于时间紧迫和资料搜集困难，加之水平有限，难免有疏误之处，敬请广大读者批评指正。

中华中医药学，历史悠久，源远流长，发端于远古，奔向于未来。百年对于历史，不过是短暂的瞬间；百人对于万众，不过是沧海一粟。然本丛书所记载的百年百人，则无疑是波澜壮阔的中医药发展史上辉煌的篇章和光芒闪烁的璀璨星辰。

张镜源

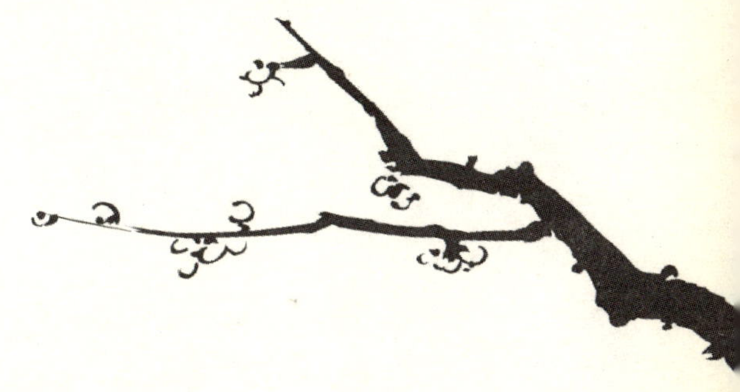

医道精深，不可浅尝辄止，而医者责任重大，临证不可不慎。

——周凤梧

周凤梧（1912—1997），山东省临邑县人，祖籍浙江省萧山县。著名中医方剂学家、教育家、临床家。山东中医学院（现山东中医药大学）教授。中共党员，“九三学社”社员。

周凤梧 1912 年 12 月 19 日出生于山东省临邑县一个三代中医世家，曾祖父、祖父、伯父皆为临邑名医。16 岁高小毕业，师从表兄张文奇医生启蒙学习中医。20 岁后相继问业于山东名医王静斋、徐鞠庐、吴少怀，医术日进。1931 年毕业于济南画校，师从画家黄固源，书画自遣。1940 年领取行业执照，1945 年借济南市永安堂药店坐堂悬壶，因医术高超，挂牌不久便名扬泉城。

1949 年响应政府号召，成立济南市医务进修学校暨济南市中医学会，任该校中医部副主任及学会副主任。1951 年 5 月组建济南市第一中西医联合诊所，任所长。1956 年入山东省中医研究班进修，结业后留任教员。1958 年调至新建校的山东中医学院任中医内科教研室副主任兼附属医院内科副主任、中药方剂教研室主任、《山东医刊》副总编辑等职。

从医、执教 50 余年，谙熟岐黄经旨，敏于临证变通，擅长内、妇、儿诸科疾病，精专中药方剂，善施小方，学验俱丰；为人师表，行为世范，尽心培养后学，深受学生爱戴；学识博深，勤于著述，主编和编著了《本草经百五十味浅释》、《黄帝内经素问白话解》、《黄帝内经灵枢语释》、《中医妇科学》、《中药方剂学》、《实用中药学》及《中药函授讲义》等，共计 620 余万字，畅销国内外。

历任中华全国中医学会理论整理研究委员会委员，中华全国中医学会理事，中华全国中医学会山东分会副理事长，山东省政协第四、五届常委，全国中医方剂研究会顾问，以及《山东中医杂志》、《山东中医药大学学报》编委会主任等职，享受国务院政府特殊津贴。

周凤梧一生情志高远，勤奋好学，淡泊名利，为中医药学发展作出了突出贡献。

学医须定心　读书择通达

1912 年 12 月 19 日这一天，位于黄河以北的小城临邑县，有一户三代为医的周家诞生了一个男孩。室外寒风凛冽，房内喜气洋洋。父亲为他取名凤梧。

周家是临邑知名的中医世家，曾祖父、祖父、伯父三代医术相传，名噪邑城。至第四代，虽后生很多，却因学医艰苦，无人钟情医业，无奈将医术外授他姓。周凤梧少年时，周家生活尚宽裕，父亲送他进入私塾启蒙，后来他考入县城著名小学接受新学教育。16 岁小学毕业时，先辈相继故世，家境日渐衰落，周家已无力供他继续求学。他思量着谋求一份能养活家庭的职业。就在他感到无助的时候，周家亲族商议，决定送他随表兄张文奇学医，这样既可以继承祖业，又有较好的收入。周家将重振祖业的希望寄托在周凤梧的身上。

张文奇是周凤梧伯父的亲传弟子，临邑县的名医。周凤梧拜张文奇为师后，开始了漫长、艰苦的学医之路。

张文奇原是晚清末科秀才，饱读经书，博览中医典籍，对中医的理法方药领悟颇深，承传周家医术，主治内科外感风热之病兼妇、儿各科病症，是临邑首屈一指的医生。当时他在县城广益堂药店坐堂行医，求医者甚众，忙碌不堪。周凤梧的到来，让他感到很高兴。在他的心目中，周凤梧天禀聪明，懂礼貌，勤奋上进，举止文雅。他记得晋代杨泉云："夫医者，非仁爱之士不可托；非聪明达理不可任；非廉洁淳良不可信。"周凤梧正是那种可托、可任、可信的后生。

晚清社会时局风云变幻，随着“西学东渐”，社会上刮起崇西贬中之风。张文奇忧虑中医的前途，担心日趋消沉的中医将在中国大地上消失，于是，他决定与周凤梧长谈一次，试探表弟能否定下心来潜沉枯寂义奥的中医典籍而不受外界的纷扰。

这次表兄弟或说师徒之间的促膝谈心，后来被周凤梧称为“一席启蒙话”。他说：“表兄的一席启蒙话，帮助我奠定了正确的学习态度。”

张文奇说：“医学是科学，原不应有什么国界。中医、西医皆以治疗人类疾病为目的。中国医学历史悠久，由于历史的原因，形成了独特的流派。不仅有独特的理论体系，也有独特的药物和技术。中医也是科学，在中华民族丰厚的遗产中，中医学是最宝贵的遗产之一。我们应当为此感到自豪，应当努力加以研究和发扬。”周凤梧说，表兄对中医学的真情热爱，使他深受感动，坚定了他学习中医的信心和决心。

张文奇还谈到如何才能成为一个学有渊源、根深蒂固的医学大家，而不是头痛医头、脚痛医脚的江湖郎中。张文奇说：初学之人非系统学习经典，打下坚实的基础不可。他说：《黄帝内经》、《伤寒论》、《金匮要略》、《本草纲目》皆为必读的经典。读书时务必要吃透全书精神，某些重要章节、条文和方药还须下一番背诵强记的工夫。读其他典籍要知道这本著作的成书背景。有的典籍往往掺杂了某些方言，甚至一些荒诞不经的东西，这是某些医家生怕真正的医理不动听，故意拿出一些玄学的话头来附会，让人觉得他们的医理高不可攀、深不可测；也有后世医家本来就才疏学浅，生怕别人说他医理浅薄就假借玄学瞎说一通，以抬高自己的身价。对于这类种种穿凿附会的东西，大可嗤之以鼻，不必采纳。当然多数医家著作，大部分内容是真实可信的，但有些地方良莠混杂、真伪难辨，读这类书务必下一番分析工夫，既不可全盘接受，更不可简单贬斥。

张文奇以“玉女煎”、“三拗汤”为例说：这类方名乍看上去难以知道它们葫芦里卖的是什么药，但只要临证应用有效，也就不必在方名上推敲了。总之，中医不是玄学，而是实用科学。学中医要从实用出发，不要咬文嚼字钻牛角尖。此外，今人学习中医，还有开拓进取、发扬光大的使命，只有继承古人又不泥古训，才能有所成就。表兄这一番肺腑之言令周风梧享用一生，直至他耄耋之年撰写回忆录时，依然记忆犹新。

临邑县是个偏远的小城市，医生很少而患者众多。张文奇白天忙于坐堂施诊，无暇顾及周风梧读书。因此，周风梧随表兄学医的四年多时间里，大多是靠自己学习。他把白天读书中遇到的疑难问题集中起来，晚饭后请表兄答疑解惑，并仔细地记录表兄的讲解。之后再重读原著，直到心有所悟、心领神会为止。

周家先祖曾留下一批典籍，保存在张文奇家中，如李士材的《内经知要》，马元台、张隐庵合注的《黄帝内经素问》，陈念祖的《金匮要略浅注》，李时珍的《濒湖脉学》，以及《辨舌指南》，汪昂的《本草备要》，吴仪洛的《本草从新》，徐洄溪的《伤寒论类方》等。四年中，他通读了一遍，还背诵了《药性总赋》、《汤头歌》等歌诀。

周凤梧说：读《黄帝内经》才知道《黄帝内经》分成两部分，一叫“素问”，一叫“灵枢”，可合也可单独成书。《素问》讲生理、病理、诊法、治则；《灵枢》对经络和针灸的研究更为突出。《素问》和《灵枢》在中医学中同样是中医基本理论，是学习中医必读之书。《难经》以阐明《黄帝内经》的要旨为主，对经脉的论述尤为精湛，有创造性的立说。对三焦和命门的学说提出了新的论点。

他读的典籍大多是经后代医家注释的，但依然读不懂书中某些句子，百思而不得其解。例如，《素问·四气调神大论》云："交通不表，万物命故不施，不施则名木多死。恶气不发，风雨不节，白露不下，则菀稾不荣。"又如，《素问·六微旨大论》云："显明之右，君火之位也；君火之右，退行一步，相火治之；复行一步，木气治之；复行一步，君火治之。"此类句子，词旨古奥，读起来如坠五里雾中。为此，周凤梧请教张文奇，尽管表兄详尽释义，但只怨自己国学根底尚浅，医理知识尚薄，听讲时脑海懵懵，内心昧昧。

周凤梧说："我的读书办法是选择较为通达的部分内容学习；暂时搞不通的，留待往后再触类旁通。"他赞同叶霖的观点："运气之学，白首难穷，固不可不知，亦不可深泥。用以冠冕门面，此近来著书陋习，姑不足怪。若谓细考经注，便知某年某气，即见某病，而应桴鼓，特大言欺世耳。”他认为，叶霖此番议论有拨云作用。此后，他再读典籍，便放弃按章句、逐条文、释义的方法，而选择较为通达易懂的部分精研，暂时搞不通的，则搁置一旁，留待学识丰厚后再举一反三。周凤梧跟张文奇学习、侍诊，又掌握了四诊方法，满师后，于 1937 年全家迁居济南。

指点求名师　真知在成行

周凤梧首次诊治的患者是他的亲友。他说，满师后，我总想把学到的理论验证于临床，亲友间偶有小恙者，便毛遂自荐，背上药箱，无论路程远近都奔去诊治。今日施治，隔日必定前往探视，观察疗效。若见患者病情大有好转，便喜出望外，窃喜于心里。

然而经他诊治的病患“取效者甚少，得验者不多，甚至更有束手无策者”。他渐渐懂得“病不辨则无以治，治不辨则无以痊”的道理。

周凤梧来到济南，走进了繁华的都市。济南名医荟萃，如擅长温病又精于儿科的王静斋；精通脾胃学说的吴少怀；学验俱丰的徐鞠庐。

他遍访名师，登门求教，以解迷津。

张某，男，26岁，体硕身壮，六脉洪数，舌苔黄厚，脊背恶寒，通体灼热，头痛身痛，目赤不渴，闷烦泛哕，但喜食冷物，大便尚调，小便短赤，吐痰带血。

查阅前医处方，乃小青龙汤加高良姜、砂仁、陈皮等。方中桂枝用至四钱，麻黄二钱，芍药五钱。周凤梧阅毕殊为惊骇，已得知该患者上述症状实为前医用药不当而误治，病已传变。他遂施小柴胡汤加蝉蜕、连翘和解。诊后，患者体热仍不解，诸症悉存。他百思不得其解，困惑之中，想起温病大家儒医王静斋老先生，急忙登门求教。王老答道："此证不但需用石膏，更应重用才对。"他见周凤梧脸露迷惑，进而细说道："经云：春分前30日民病痨，春分后60日民病温。此乃风寒客于脉而不去，痨风所伤。除应用大蓟四两，火麻仁一两，先煎大蓟再和火麻仁捣烂为团，搓患者前胸后背及曲池、委中外，应重用清瘟解毒之品。该患者兼有咯血，更应加犀角（现已代用）钱许，并投绿豆衣一两，以解前药之热毒。至于恶寒，乃为‘热深厥亦深’之象，为何不敢重用石膏？盖热解则寒亦解矣。凡遇此等证，只要放胆去用，即可收效。”王静斋老先生指正说：“此病乃疫疠之类，并非少阳之证，故施柴胡汤和解不效。”

季某，男，28岁，曾患淋病，愈后形体羸弱，夜梦盗汗。前医以其汗液冰冷，谓为汗未出透，更令其睡热炕出大汗，致使元气愈虚。

就诊时，症见下肢冰凉，阴囊湿冷，胸闷短气，腹两侧如柱两条，时常隐隐作痛，胃纳不甘，时做美梦，咳吐白痰至黎明，每自汗涔涔，最苦恼者为胸闷气短。按六脉濡弱无力，舌苔白而微腻，口不思饮。

周风梧辨证为肾阴亏损、命火衰微之候。处以瓜蒌皮、薤白、砂仁、香附之类以理气，解胸闷。然而两进未见成效。继用金匮肾气汤加川楝子、胡芦巴、吴茱萸、小茴香等，连服4剂，病情虽无大愈，患者自觉身体较前舒服。再次复诊，又突感胸闷加剧，五内烦乱，苦楚难忍。周凤梧至此已觉束手无策。他再求王静斋指点迷津。王老说："此病属虚劳。大凡虚劳之证，病难以速愈。临证应有王道功夫，冀其缓效。若虚怯过甚，起初处方分量务宜从轻，每一剂药仅重数钱，见效后缓慢加量。前方药用金匮肾气汤，实为正治，熟地腻膈，泽泻泄肾，两药均应减去，砂仁、香附犯虚虚之戒，尤为不当。"王老说，病患其腹如柱，乃肾气上冲之候，肾囊寒湿属命门火衰之象。盖水火平衡，无火水难以布化，倘下焦寒湿耳，桂附势在必用。照旨化裁，药用附子9g以上，肉桂4.5～6g均可，组成桂附剂服用。

周凤梧经王静斋点拨，顿见光明。按王老主方适当化裁，制配丸剂，经治半载，病患康复痊愈。

在周凤梧遇到棘手的难症时，还曾求教于徐鞠庐、吴少怀两位名师。

某日，一位靳姓30岁男子上门求诊。主诉：脊膂恶寒灼热，晨起便溏，小便短黄，胃呆纳减，缠绵经月。辨证见：形体渐羸，精神萎怠，脉细苔白。周凤梧诊为脾肾两虚，施以温脾益肾、引火归原之方剂。服数剂后不效。二诊投药以表补，病情不减反益增，愈觉体力不支。周凤梧感到患者病势凶猛，延治不得，便领患者同车求诊于徐鞠庐，侍诊在旁，静听指教。徐鞠庐辨证后立案：恶寒身热，肢体疼痛，舌白不渴，脉浮细数，呛咳白痰，气促而短，大便溏泄，小便短赤，辨证为湿温误投表补，肠胃之湿热留恋不清，拟以苦温淡渗，化湿中之热。

立方：西茵陈9g，制川朴3.5g，猪苓4.5g，茯苓9g，生薏苡仁15g，豆蔻3g，大腹皮 6g，杏仁泥 9g，橘红 4.5g，苦桔梗 3g，淡竹叶 6g，藿香梗 4.5g，共 12 味，分进两剂。二三诊仍以西茵陈为君药加减。药后脾湿渐化，恶寒颇减。四剂后诸症悉除，痊愈静养。

徐鞠庐治湿温、暑温时令疫病之医术，也给他留下宝贵的经验。中医学之博大精深，使他深知“医者须穷理，凡辨证必于独异处诣病，立方须务求法度”的道理。

之后，周凤梧又问道于名医吴少怀。吴师说：“治病求本就是要维护脾胃，遣方用药，务要冲和；否则只见其病忽视根本，虽小病也难愈。”“维护后天之本以治病是王道之法，必须治上不犯中，治表不犯里，才能不违土气之敦阜，和肝温肾，又是调和脾胃所当着眼之处。”

经三位名师教诲指点，周凤梧对医理大有感悟，其医术也大有长进。因此，他深有感触地说：“钻研医学如同学习其他学问一样，自学虽是重要之路，但一旦遇有阻拦，还须有人指点，方才恍然有悟。自己艰苦用脑，时刻准备请教，虚怀若谷，披沙拣金，日积月累，方可较快入境。”此时的周凤梧经12年医理、医术的历练已经具备开业行医的条件，这年他28岁。

医药皆学问　精通贵有恒

1940 年秋，济南警察局布告称将举办省内中医资格考试。周凤梧赶去报名，在众多的考生中，初复两试，他皆取得优良成绩，顺利领取行业执照。起初他在寓所挂牌行医，一年后已小有名气。1945 年 3 月他受济南市前大街永安堂药店老板的邀请，在总店和大观园永安堂药店分店同时挂牌坐堂。济南永安堂药店，尽管不如北京同仁堂、杭州胡庆余堂、广州陈李济、汝州四知堂名震九洲，但它是山东省及邻省最知名的大药房。药房老板请坐堂医生之前要派职工四处暗访，唯有医德、医术都好，且开业时间长的医生才能被他相中。

周凤梧回忆说："自此以后，接触病人的机会日渐增多，除内科杂病外，其他如经带胎产、痧痘惊疳、疮疡肿毒等等都经常接触。诊治患者多了，更觉得自己知陋识浅，即所谓'书到用时方恨少'。"于是，他白天坐堂应诊，晚间挑灯苦读，有时直到东方发白，金鸡报晓。

此时期的读书方法周凤梧总结为三条：第一，在药店坐堂，柜台上放着许多市内各医家的处方，可以自由阅读。若见效方随时抄录，取人之长，补己之短。第二，利用诊余时间虚心向药工学习膏、丹、丸、散的制作技法，亲自操作，不但熟认了药店中常备的300多种中药饮片，而且对数百种药材的原产地、药性、外貌等默记于心。第三，结合诊治中遇到的问题，利用夜晚着重攻读临床各科医著，对照思索，若有所悟，记录心得。这时期读过的书有《笔花医镜》、《医学心悟》、《温病条辨》、《温热经纬》、《时方妙用》、《医方集解》、《济阴纲目》、《医林改错》及《医宗金鉴》中的“杂病心法要诀”、“妇科心法要诀”、“幼科心法要诀”和“删补名医方论”等部分内容。

这种与临床密切结合的学习方法，使他能按需要博览医籍，撷取精华，效果很显著。在永安堂读方、记方、认药、制药，对他日后临床处方遣药受益匪浅。显然这段难忘的经历后来成为他主攻中医方剂学、药物学，终成方药大家起到了关键作用。

中华人民共和国成立初期，刘惠民、吴少怀、周凤梧等山东名医创办了济南市医务进修学校暨济南市中医学会。刘惠民任中医学部及中医学会主任，吴少怀、周凤梧任副主任，周凤梧负责教学及学术活动。1950 年初，刘惠民曾对加强中西医团结、推进党的医药卫生事业提出若干具体建议，得到卫生部的赞赏。5 月，周凤梧接受刘惠民建议，毅然放弃收益颇丰的诊所，出面创立济南市第一中西医联合诊所，被推举为所长，遴选学验俱丰、医术高明的中西医药人员30余人参与诊所之事。他秉承“济世为良，愈病为善”的医德及“救死扶伤”的医道，要求诊所人员以恻隐之心、悯人之怀及精湛的医术服务患者。因此，诊所开业伊始便业务日兴，广受称誉，名扬泉城。不久诊所便扩建，成立了6个门诊分所，职工迅速发展到300余人。接着，他又在市内大观园东繁华地段购宅地3.5亩，盖起一幢三层门诊大楼、宿舍大院两处，制药部房产大院一处。

周凤梧深知，当前急需培养有知识和经验的医药人才。为此，他开办了中医、中药两个业余在职青年医药人员学习班，亲自制订教学计划和内容，并亲自授课，听者座无虚席。除诊所内人员外，闻名而来的求教者不胜其数。他亲自指导制药部自创成药，其雄鸡化骨膏、杏仁止咳糖浆等几种成药远销大江南北。

1953年秋，济南市爆发了流行性乙型脑

炎，一时间人心慌乱，市内各家医院住满患者。起初西医一般多采取冰敷降温，或服磺胺类制剂或抗生素（如青霉素、链霉素、金霉素及对位氨基安香酸）等药物治疗，多数患者治疗效果并不理想，死亡率依然居高不下。市卫生局紧急组织中西医联合治疗小组，抢救危重患者。为了观察中医药诊治流行性乙型脑炎的疗效，取得治疗经验，市属传染病医院将已由西医确诊住院的病人，分成中医组和西医组，各为 12 名病人。中医组由刘惠民、吴少怀、韦继贤和周凤梧 4 人负责。此外，中医组还负责省人民医院 5 名、铁路中心医院 3 名同病患者，所用之药均由自己配置和使用。

这些患者中最小的为 14 岁的少年，最大的为 60 岁的老人。患者的共同症状是突发性高热（约 40℃），伴有头痛、呕吐、抽搐、嗜睡、昏迷、烦躁及谵语、头颈强直、四肢痉挛，甚至偏瘫，或扬手踯足、昏狂不安等。中医组诊断证属湿温病，且热重于湿，亟宜辛凉淡渗、芳香开窍，爰制以白虎汤加犀角（现已代用）、滑石，以大锅煎剂，普遍投服。另外按病情轻重、急缓，分别施以局方至宝丹、安宫牛黄散，或自制的清热镇痉散，灌服或鼻饲。经过短期治疗，患者均逐日好转，先后渐愈，无一例死亡。

安宫牛黄散、清热镇痉散、紫雪丹均由周凤梧创办的联合诊所制药部生产。他亲临该部抓药品炮制质量，使每剂药均发挥良效。

在总结会上，有的医生说："中药石膏的化学成分是硫酸钙，西医用其做石膏床或石膏绷带，并没有治疗疾病的功用，今天竟然用以治疗流行性乙型脑炎，实在想不明白。发烧到40℃，中医不主张用冰囊降温，同样不明白。"

其实，按中医理论，治湿温病禁忌汗、下、润。周凤梧说：因为"汗之则神昏耳聋，甚则目瞑不欲言；下之则洞泄；润之则病深不能解。"根据这个原则，如用发汗剂、利尿剂、泻下剂，则为非对证下药；冰囊冷敷这一招，在中医看来更不对头，因为这可使热无出路，迫邪内陷，造成恶化之局。

这次中西医结合成功救治流行性乙型脑炎患者的总结会，因某些人的“想不通”，未得到一致的结论而无果。

1955年七八月间，济南市再次发生流行性乙型脑炎。周凤梧等名医奉命救治。经辨证认为，这次证候与前次不同，同属湿温病，但“湿重于热”而非“热重于湿”，故治则上除仍分别采用局方至宝丹及清热镇痉散抢救回苏外，着重施以芳香化浊、辛开苦降、淡渗利湿法为组方原则与之，而白虎汤加味对此证已不宜用。

两次抢救危重疾病的临床实践，使周凤梧不仅在辨证论治、组方遣药诸多方面增加了不少新的知识，而且进一步体会到中医学理论有着深厚的实践基础。正如表兄张文奇所言：“中医不是玄学，也不是高谈空理的哲学，而是实用科学。”周凤梧说，唯临床才能继承和发掘中医学里蕴藏着的许多闪光的瑰宝，唯临床才能通过更高一级的实践，使中医学的科学内涵进一步得到丰富和发展。

诲人终不倦　师者若兰芝

1956年6月，山东省举办中医研究班，已过不惑之年、医业已有所成的周凤梧抱着“三人行必有吾师”的虚心态度报名参加了学习，结业后留下任教。他后来说，这就是所谓“先当学生，后当老师”。

周凤梧说：“大医诲人，必以规矩，学者亦以规矩，使学者有阶可升，至神明变化，出乎规矩之外，而仍不离乎规矩之中，所谓‘从心所欲不逾矩’。”尽管已名噪泉城，但他心知肚明，自己毕竟是坐堂出身，根基尚浅，尤其不懂学校教与学的规矩、培养人才的规矩。因此，这次进修学习是一次与名师切磋、掌握教学规矩的极好机会。

1958年8月，山东中医学院成立，周凤梧调到该校任教。学院创建之初师资十分缺乏，有些教师通常要兼授几门课程，非通识之材难以承担。刘惠民院长慧眼识珠，常把暂时缺乏教师的课程请周凤梧讲授，只要教学需要，周凤梧总是欣然同意。后来他在回忆录中写道："中医学是一门实用科学，要想达到一定的境地，必须刻苦勤奋，专心致志，既不能浅尝辄止，更不能畏难而退。"几年间，周凤梧相继讲授了医史、金匮要略、内科、妇科、中药学、方剂学等多门课程。

在教学中，周凤梧常以自己学医经历中的得失谆谆教导学生。他说："专读仲景的书不读后贤之书不可取，仅读后贤之书而不读仲景之书更不可取。二者兼备，临证方可有济。"

他指出，东汉张仲景所著《伤寒杂病论》，后世注释版本很多。第一位注解者是成无已。

他不像后人那样自作聪明地乱加己见，他是按《伤寒论》原意，加以解释。有人认为他很少发挥，其实这正是他诚实可靠的地方。但是，学习《伤寒论》也切忌拘泥不化。

读《金匮要略》，周凤梧推荐陈修园的《金匮要略浅注》，认为该书比较浅显易解，适用初学者。陈修园云："学者必先读《伤寒论》，再读此书（指《金匮要略》），方能理会。盖病变无常，总不出六经之外。《伤寒论》之六经，乃百病之六经，非伤寒所独也。《金匮》以《伤寒论》既有明文不再赘，读者当随证按定六经为大主脑，而后认证处方，才得其真谛。"周凤梧说，后来各种医书，在辨证立法、组方遣药的法则方面，皆超不出这两书的范围。中医学虽历代名家辈出，但其学说的基本理法都是一致的，仲景《伤寒论》六经分证处方是体现中医辨治思想的典范。六经各有其主病，病各有其主症，证各有其主方，方各有其主药。与此情况相适应，一方除有主药外，还有随证立方、依方加减的规律。这里既贯穿着明确的原则性，又包含着高度的灵活性。

周凤梧在30余年的执教中，持守着“为人师表”、“行为世范”的为师准则。为教好一堂课，他常常普查资料而废寝忘食，直到满意为止。他讲的课内容丰富，深入浅出，说理明透，广受学生喜欢。对于前来求教者，他总是平易近人，耐心教诲，关心备至。

他对学生说：“医虽小道，是乃仁术，如后生不敏，尽管已卒业于高校，倘束书不读，或复习而不达其意，将以救人，适是以杀人多矣。”又说：“钻研任何学问，自学很重要。但一遇疑难，还必须有人指点迷津，往往起到拨开云雾的效果。”

1963年，毕业于山东中医学院函授部的孙朝宗医生曾多次登门求教于周凤梧。他回忆道：“周老说，除《黄帝内经》、《难经》、《伤寒论》、

《金匮要略》外，他最尊崇的就是《傅青主女科》。这本书少而精，要细读；王清任之《医林改错》也不错，虽然有不当之处，但那几首逐瘀汤确实独创，颇有高妙之处，也必须习用，临床大部分疾病，尽可治疗。周老的话，我一一记之。后来，我曾诊治一位慢性咽炎病人，其病症正合王清任之血证红肿症，遂应用会厌逐瘀汤加减调之。服药 13 剂，咽喉肿痛消失。周老的指点再经临床，使我知识大增，懂得了若为血证，必用血药，而非清凉之药可比其效。”

1974 年秋，周凤梧为中医班讲授《中药学》。这位身材魁伟、鹤发童颜、精神矍铄、可爱可亲的老教授，在讲台上侃侃而谈。当讲到辛夷药时，他从包中取出一个卷轴，挂在墙上，说：“这是‘辛夷’，又叫‘木笔花’，属于辛温开窍的药物，常常用来通鼻窍。”学生们被周老亲手绘制的那淡紫色的花儿吸引住。

光阴荏苒，转瞬流逝 20 年。山东中医学院中医文献专业的几位教师商量着组织一个论坛，且为论坛取名，如“小草”、“长青”、“远志”、“甘雅”、“青果”等等。原七四级毕业留校任教的一位老师大声道：辛夷。他说：辛夷春寒料峭之际开放，向人们昭示春天的来临，象征着中医百花园的繁荣；辛夷能通窍，启发童蒙，后学者须顿悟、觉悟；辛夷的谐音“心怡”，蕴寓着中医能使患者除痛苦、解烦恼，心旷神怡。大家鼓掌赞同。“辛夷论坛”之命名由此定了下来。“辛夷花”盛开象征中医事业后继有人，繁荣昌盛。每当看到辛夷树，后学们就怀念起周凤梧教授。

执教30余年，周凤梧培育学生达数千之众，可谓桃李满天下。但他始终“桃李不言，下自成蹊”，以他的医德医术和诚挚之心，感召学生。他亲传徒弟两人，后来均为博士研究生指导教师。其中，邹积隆曾任山东中医药大学校长，刘持年任该校方剂教研室主任。周凤梧指导硕士研究生14名，其中4人考取北京中医药大学和上海中医药大学博士研究生或赴日本深造，并取得博士学位。他指导的研究生中，两人被授予省市级“拔尖人才”称号，1人任医院院长，1人任研究所所长，6人任科室主任，均具有副高级以上职称，成为中医药医疗、教学、科研的骨干。周凤梧说：“吾以区区坐堂中医，竟能执教于最高学府，欣慰之至。每当见到学生满怀信心地奔向祖国四化建设岗位的时候，由衷地感到‘得天下英才而教之’一乐也。”其自豪之情溢于言表。

1979年6月20日，周凤梧在中华全国中医学会成立大会召开之际，作为唯一的山东代表，应邀参加了国家领导人召开的有岳美中、张赞臣、王绵之等名老中医参加的座谈会。欣慰之余，他赋诗一首，云：“枯木逢春春无际，风云际会会有时。伏枥犹有千里志，试教岐黄换新姿。”热切期望中医药事业，在我国医疗卫生事业中发挥更大的作用。

擅治内杂温　尤长时令病

周凤梧学识渊博，医理精深，不仅擅治内科杂证，而且对温病学亦有深入的研究，尤以治疗湿温、暑温、痧胀等时令病为专长。

1945 年 9 月，周凤梧接诊一位青年男性患者，但见形容枯槁，两目暗黄，痰涎胶着难咯出。自诉胸闷不饥，口渴不饮，两脚酸痹不良于行，午前畏寒，午后潮热，小溲短赤混浊，大便微溏。按六脉濡细，察舌苔黄腻而微灰，显示湿热弥漫三焦，且虚象毕露。询问所服方药，前医认为感寒所致，误用苏防表散；后医又认为虚劳，误用参芪滋补，以致缠绵不解，日渐衰羸。嗣复请诊前医，仍以为表邪未解，拟再投表散之剂，幸患者以体力不支为虑未饮服。

周凤梧辨证后当即想到吴鞠通在《温病条辨》中云：“头痛恶寒，身重疼痛，舌白不渴，脉弦细而濡，面色淡黄，胸闷不饥，午后身热，状若阴虚，病难速已，名曰湿温。汗之则神昏耳聋，甚则目瞑不欲言；下之则洞泄；润之则病深不解。长夏深秋冬日同法，三仁汤主之。”

他当即拟三仁汤合茵陈四苓方，四剂后诸症大减。复诊守原方，再进四剂，诸症若失，唯自汗不止。他认为，三仁汤加味进八剂，湿热之邪业已逐荡殆尽，自汗乃属患者病久多阴虚之故。复予当归六黄汤加味以善其后。三剂则汗敛，饮食调养月余，体力康复痊愈。

三仁汤合茵陈四苓方：生薏仁 24g，苦杏仁 9g，豆蔻 4.5g（研），姜半夏 9g，厚朴 4.5g，黄芩 9g，滑石 12g，白通草 6g，茵陈 15g，炒白术 9g，茯苓 12g，猪苓 6g，泽泻 4.5g。上 13 味水煎 2 次，合兑分 2 次服。

当归六黄汤加味方：当归 9g，生黄芪 15g，生地黄 12g，黄芩 6g，黄连 1.5g，炒杭白芍 9g，麻黄根 9g，煅牡蛎 12g，浮小麦 30g。上 9 味水煎 2 次，合兑分 2 次服。

周凤梧善用经方或验方，据证而加减，灵活变通，不囿于原方。临诊若患者病情较为复杂，须费思忖，仍从理、法、方、药之规则，逐一拨云见日，绝不贸然施重药。

1991 年 7 月 25 日，有位 70 岁高龄的老妇前来求诊。主诉：近一周来，咽喉不爽，咯吐稠痰，黏如胶条，屡咯不辍，但不咳嗽，气逆胸满，烦躁泛恶，胃呆不甘，口淡不渴，夜寐不安，大便燥结，有时溏软，或干稀不调，小溲黄热，舌痛。自服牛黄解毒片，舌涂冰黛溃散，未效。临床发现：舌苔淡黄而黏腻，厚如积糊，满布舌面，不见舌底，舌质边尖深红，舌体左边沿中部有绿豆大白色凹陷腐溃点。六脉濡缓无力。既往病史：近年来经常口中黏腻，气逆烦躁，日晡为甚，睡眠不甘，静时阵发汗出，劳则加剧，微风而栗，虽盛夏之时，亦不敢行坐于电扇之旁，怠于外出。

辨证：患者素体欠壮，阴阳两虚，抵抗力低下，湿滞中焦，积而化热。近月来，正值盛夏酷暑，气压低，气温高，又逢时降大雨，蒸热凌人，困闷倦怠，以致津聚成痰，升多降少，湿热交蒸，伏毒内发，故现上述诸症。

治法：急则治标，缓则治本。宜先予辛开苦降，宣化淡渗，蠲痰除湿，清热解毒。他证待后徐图。

方剂：拟二陈汤加味与之。

姜半夏 10g，白茯苓 12g，陈皮 6g，旋覆花 10g（包煎），黄芩 10g，黄连 5g（打），连翘 10g，板蓝根 10g，牛蒡子 10g，滑石 12g，生甘草 6g。上 11 味，水煎 2 次，药汁合兑分 2 次服。3 剂，每日 1 剂。

7 月 28 日二诊：咯痰略少，去而不彻，诸症显效未著，舌边糜烂斑块加大如黄豆，边覆白腐，苔仍淡黄厚腻。施前方续服 3 剂，以观察之。

7 月 30 日，患者感到舌体灼热，舌根麻木，咀嚼不爽，胃中泛哕。急赴某院口腔门诊求治，诊为“扁平苔癣”，服麦迪霉素，每次 2 片，6 小时服 1 次，另外服维生素 B_1、B_6，每次 2 片，日服 3 次。患者服药一昼夜，病未稍瘥，烦躁不宁愈加，遂自停药。

7 月 31 日三诊：患者稠痰胶着已大减，舌苔略薄，舌体灼热疼痛，伸缩不利，咀嚼不便，糜烂斑块逐渐扩大。再拟渗湿清热解毒，三仁汤加味稍息之。

方剂：生薏苡仁 18g，苦杏仁 10g（打），豆蔻 6g（打），黄芩 10g，黄连 5g（打），姜半夏 10g，厚朴 6g，板蓝根 10g，牛蒡子 10g，滑石 12g，通草 6g，淡竹叶 6g。上 12 味煎服法如前。2 剂，每日 1 剂。

8月2日四诊。服上方，痰涎胶着、烦躁泛哕均除，小溲仍有热感，大便通畅。舌面前半部苔已退净，根部略黏腻，脉仍濡缓无力。唯舌体左侧边沿已扩大为11mm×6mm椭圆形之糜烂斑块，边沿周围白腐高突，溃面嫩红凹陷，酸咸甜味皆不敢接触，触之痛甚，舌体灼热疼痛，舌体僵木，饮食咀嚼、说话都感不便。

至四诊，舌体糜烂仍未除，反扩大。周凤梧沉思良久，仍认为此证病机与湿热痰浊、伏毒内发有关，非一般湿热溃疡可比。转拟益阴泻火、清热解毒、活血化瘀、除湿散结之法，取《备急千金要方》之湿热瘀化汤加减，重制其剂，补清双施，以遏其炎焰之势。

方剂：生地黄12g，玄参10g，石斛10g，白花蛇舌草18g，连翘10g，蒲公英10g，白芷10g，赤芍10g，红花6g，昆布15g，海藻15g，生薏苡仁18g，霜桑叶10g，灯心草6g，淡竹叶6g。上15味，水煎2次，第一日得药液约

500ml，分2次服，第二日照上法煎2次服。取2剂，4日量。

8月6日五诊。药进2剂，舌木灼痛均已减，咀嚼、说话已无影响，但糜烂斑块仍被覆白腐，溃面未见显效，仍不敢接触酸咸诸味。效不更方，继投2剂，服法如前。

8月10日六诊。症见糜烂斑块逐渐缩小，大如黄豆，溃面遍被白腐。食欲增加，二便自调，睡眠甚酣，为防刺激，仍忌食酸咸。效已桴应，原方再投4剂。

8月18日七诊。诊见舌边糜面愈合，斑块消失，舌苔薄白，脉无变化。至此前述两症，均告霍然。嘱慎食将息，毋需再药。

此证在周凤梧近50例临证医案中，经七诊，历时25日才治愈，属难治之症。周凤梧认为，此案例病情较为复杂，本虚标实，虚实兼并，临床处理，颇费思忖。《素问·调经论》曰："阳虚生外寒，阴虚生内热。"患者夙病气逆烦躁，日晡为甚，阳气不留于阴，阴虚也；自汗阵发，微风而栗，阳虚也。总是阴阳两虚之证。今患稠痰胶着兼舌体糜烂，乃湿热交蒸，伏毒内发，是为邪实之候。急则治标，缓则治本。当此痰热方盛之时，虚不受补，滋阴则增湿，扶阳则助热，补之无益，故议先行蠲痰除湿，清热解毒，予二陈汤加味，以辛开苦降，宣化痰湿。二陈汤燥湿化痰，理气和中，是治疗湿痰的一首主方；旋覆花功专宣通下气，消痰化饮，尤其痰如胶着者，为必用之品；芩连燥湿清热解毒；牛蒡子宣肺散结，以解咯痰不爽；板蓝根苦寒性降，凉血解毒，擅治斑毒口疮；连翘轻清而浮，向为疮家要药。后三味都为抑制舌糜而设。

周凤梧说，六淫之中唯湿邪最为缠绵，其病机如油入面，其治效如抽丝剥茧，病难速已。但治湿莫过通阳，通阳不在温而在利小便，故使滑石、甘草（六一散）清暑利尿。俾内蕴之湿热从下移泄，此两味尤为口舌生疮常用之品。继用三仁汤加味，仍意在清利湿热，宣畅气机。三仁汤只治疗稠痰胶着，而舌体糜烂未能有效控制，继续发展。

考舌体糜烂，又名“口糜”、“舌烂”，先贤早有论述。《素问·至真要大论》云：“少阳之复，大热将至，火气内发，上为口糜。”《素问·气厥论》云：“膀胱移热于小肠，鬲肠不便，上为口糜。”《医源》云：“此因胃肾阴虚，中无砥柱，湿热用事，混合熏蒸，证属不治。”等等。综述之，口糜一症，内属阴虚阳旺，心脾积热，湿热蒸腾，炎热嚣张，多急而重笃，非一般心火上炎，脾热熏蒸之赤而生白口疮等看待。周凤梧说，临床时幸好没有掉以轻心，否则如经久不愈，恶变难免。从病机病证来看，口疮与口糜大有相似之处，然轻重之分、愈后之别却迥然不同。口糜多呈腐白色苔藓状的舌证，不可疏漏，宜注意之。

口糜症的治法为养阴生津，清热凉血，故方中首取生地、玄参、石斛以滋阴，盖因阳虚则火炎，阴虚之火，非火有余，乃阴不足；又取白花蛇舌草、连翘、蒲公英清热解毒，散结疗疮；而白芷一味，虽属辛温之品，但配入大队清热利湿药中以反佐，亦能增强其化湿除浊、消肿排脓之效；赤芍、红花活血化瘀；昆布、海藻功专消痰散结，亦有利水作用；薏仁利湿清热、排脓消疮；桑叶轻清疏散，又专消泄肝胆之气分之火邪，以达釜底抽薪；灯心、竹叶清心火，除烦热，使火热湿浊，上清下导，斯邪无余蕴。

在治疗胃、食道之病时，周凤梧主张脏腑整体调理。他曾治愈一位 56 岁吕姓男子，西医诊为慢性胃炎。四诊后知：胃脘痛数年，反复发作，疼痛剧烈，甚则不能活动，伴胃部空感，口舌干燥，纳呆量少，六脉沉弦，苔少质红。揆之脉证，乃属胃阴亏乏所致。周凤梧认为，该证病机为气郁化火，迫灼胃阴，下汲于肾，胃液失亏而失所养，乃所谓“不荣则痛”。

处方：北沙参 12g，玉竹 15g，麦冬 9g，生地黄 12g，白扁豆 9g（打），天花粉 12g，桑叶 9g，肉苁蓉 12g，天门冬 9g，川楝子 6g（打），生甘草 4.5g。上 11 味水煎 2 次分服。

连进 12 剂，胃思纳谷，气力大增，竟骑车 10 公里回家。

周凤梧以叶氏养胃汤为其正治正方，滋养胃阴，缓急止痛；加川楝子，配桑叶以清肺疏肝，理气止痛；加天门冬降火而滋肾阴，使胃阴得养，即所谓“肾为胃之关”之理；肉苁蓉甘温而润，补肾阳而不燥，助肾之气化，胃受于肾精滋养而不亏乏。脏腑整体调理用药，功效自然。

周凤梧曾治愈两例“食道裂孔疝”。一例西医称为“十二指肠球部溃疡”，另一例中医确诊为“食道裂孔疝”。20 世纪 60 年代，中医尚不识“裂孔疝”之机理，顿觉无处着手。周凤梧随证辨识，认为其颇符合“胸痞反胃”之证候。“胸痞反胃”之证，其病机多与肺、肝、胃相关，肺气郁，胃气上逆，肝主疏泄，调节气机，其经脉“上贯膈，注肺中”，二脏一腑失和，则痰浊、气滞、瘀血阻于膈上，气机升降失职而变生诸证。

两病虽同为“食道裂孔疝”，但病证不同，应随证施治，以法立方，故“十二指肠球部溃疡”者方用香砂六君子汤加味试治，胃脘隐痛如故；继施瓜蒌薤白半夏汤合丹参饮，加佛手、甘松以宣肺和胃，化痰行气；炒杭白芍、玫瑰花以柔肝疏肝，行瘀通络。服30余剂而愈。

“食道裂孔疝”者处方为：全瓜蒌24g，薤白9g，桂枝1.5g，炒枳壳4.5g，姜半夏9g，陈皮6g，郁金9g，竹茹9g，生姜2片。上9味，水煎，缓缓服下，共服20余剂，言行一如正常之人，20余年中未再复发，疗效牢固。

妇疾护肝肾　儿病保稚阳

妇女一科，自古号称难治，医界视之为畏途。故前尝谓：“宁医十男子，莫治一妇人。”周凤梧每遇到妇科疾病，患者常有难言之隐，问证投药时显踌躇。于是，他致力于妇儿疾病的学习和临床，积累经验，探求规律，终成妇、儿科名家，并于 1985 年 5 月出版《实用妇科学》一书，阐述他的学术观点和治疗法则。

周凤梧认为，妇科病证如清代徐灵胎所言：“妇人之疾，与男子无异，唯经、带、胎、产之病不同，且多癥瘕之疾。其所以多癥瘕之故，亦以经、带、胎、产之血易于凝滞，故较之男子为多。”周凤梧把妇科之疾分为“经、带、胎、产、杂”五大门类；再细分为调经、崩漏、带下、种子、胎前、小产、临产、产后、杂病等九小类。无论哪一类病证，都离不开调匀气血，安和脏腑，通盛冲任督带。妇女气血不匀，脏腑失安，冲任督带欠通，常致六淫入侵，七情伤内，冲任督带损伤，即成为病，故此三者皆为病因。

六淫之中，以寒、热、湿三邪最易致病。寒属阴邪，故《素问·调经论》云：“阳虚则外寒，阴虚则内热，阳盛则外热，阴盛则内寒。”血为寒凝，流行不畅，经脉受阻，月经后期、痛经、闭经诸症由此而现。严重者可形成癥瘕积聚。如《灵枢·水胀》所云：“石瘕生于胞中，寒气客于子门，子门闭塞，气不得通，恶血当泻不泻，衃以留止，日以益大，状如怀子，月事不以时下。”热为阳邪，易伤气耗阴。热邪扰动血海，迫血妄行，可出现月经先期、月经过多、崩漏及产后发热等证候。湿为阴邪，重浊黏腻，阻滞气行，阻碍脾的运化，常见体重腰酸、四肢困倦、关节肌肉疼痛并守于一处，重者头重如裹，颈项酸痛；湿浊内阻更常见胸闷不舒，胃纳不佳，小便不利，大便溏泻，带下绵绵，下肢浮肿诸症。与男子相比，妇女易为七情所伤，亦易因七情失控而致病。周凤梧说：妇女在经、孕、产、哺时期易耗血，使机体常处于血分不足、气分偏盛的病理状态。因此，妇科病机中，常见因气血失调而致气虚、血热、血瘀等证。血为气之母，气为血之帅，伤于血必及气，伤于气亦必及血。血病则气不能独化，气病则血不能畅行，气与血相互依存，相互资生。临床中常见气血同病，气血两虚，气滞血瘀证候，只是以气病为主，或以血病为主的不同。

周凤梧说，心、肝、脾、肺、肾五脏功能失调，均可导致妇科疾病，但以肾、肝、脾三脏与妇科病最为密切。他提出，年少青春女子应重益肾。青春少女肾气初盛，生殖器官尚未发育成熟，若感受病邪，最易伤及肾气。肾气之盛衰，影响着人体的生长发育，更延及冲任二脉通盛及月经不调。中年妇女应重养肝。中年妇女大多已有孕、产、哺乳经历，数伤于血，血伤则肝失其所养。同时由于肝血虚，则肝气有余，气盛而易激动，七情失制，使肝气郁滞，气结不散，气逆不顺，气乱不序，致月经不调、痛经、闭经、带下等病。老年妇女须重健脾。老年妇女断经前后，肾气渐衰，气血皆虚，故先天之本的不足，全赖后天水谷滋养。脾为后天之本，气血生化之源。脾主运化，脾健则可使水谷精微调养气血，本固而枝荣。

因此，周凤梧认为，妇科疾病应根据妇女不同年龄的生理特点分别重视肾、肝、脾的护养和调理。他又强调，胃腑为水谷之海，五脏六腑皆禀气于胃，得胃气者昌，失胃气者亡，故妇科疾病应始终注意顾护胃气。他又指出，当代中医研究证明，肾在妇女生理、病理各方面的重要性应占首位。经、带、胎、产及杂病等无不与肾有密切关系。如月经先期、月经后期、月经先后不定期、月经过少、经闭、避年、崩漏、痛经、激经、带下病、流产、子肿、产后发热、断经前后诸症、子宫脱垂等等，均可因肾虚而致。根据异病同治法则，熟练地掌握补肾法，可以治疗多种妇科疾患。

梅某，女，26 岁。1950 年 11 月妊娠 6 个月，遍身水肿，小溲癃闭。某医院认为须将胎儿取出，始可治疗。其夫不肯，旋另转一家医院妇科，仍以取出胎儿为治疗之先决条件，否则，别无善策。无奈之下，遂忍痛允其手术。住院 4 个月，创伤虽愈合，然通体依然水肿，小便仍不利，令出院回家休养。患者已失去男婴，受尽痛楚，原病又未见消除，殊为懊丧。爰复改投中医。

周凤梧见患者全身肿胀，面项、四肢浮肿

尤甚，皮薄而光亮，特别是项及颏，按之凹陷不起，手胀不能握，腰酸足凉，胃纳量少而不甘（也与忌盐有关），小溲短少，大便稀软，气短胸闷，精神疲倦，体力不支，六脉濡弱无力，舌苔灰腻。辨证为脾肾阳虚乃病机之所在。除嘱兼开盐方以助饮食外，遂拟金匮肾气丸加车前、琥珀等利水之品。药进四剂，虽无不良反应，但无效验。转思脾肾阳虚，且舌苔灰腻，在此阳虚阴盛之际，采用熟地黄、山药、山茱萸等以滋肾阴，反助湿滞，碍脾运，虽有淡渗之味，温阳之品，作用力微，与法相背，宜乎不应。遂转方以健脾温阳利水为主，计服 30 剂，肿胀消除。唯久病之后，气血两伤，宫体似有坠感，嗣拟气血双补佐以升提，制丸善后，诸症全瘥，健康恢复。

开盐方：鲫鱼一尾（约 250g），剖去鳞杂，食盐一两，装填腹腔，置铁锅内反复干炙令焦，研细末。每用少量以调味。

第一方：熟地黄 15g，炒山药 12g，山茱萸 9g，牡丹皮 9g，茯苓 18g，泽泻 9g，熟附子 6g，肉桂 3g，车前子 12g（包煎），琥珀粉 3g（分 2 次冲）。上 10 味水煎，2 次分服。

第二方：高丽参 3g（另煎兑），炒白术 12g，茯苓 18g，大腹皮 12g，干姜皮 6g，生桑皮 9g，陈皮 6g，熟附子 9g，炒杭白芍 9g，鸡内金 9g，砂仁 3g。以上 10 味水煎，2 次分服。

第三方：高丽参 15g，炒白芍 60g，茯苓 60g，炙黄芪 45g，熟地黄 60g，炒山药 60g，炒杭白芍 45g，当归 45g，陈皮 15g，砂仁 15g，肉桂 9g，炙甘草 30g，升麻 9g，柴胡 9g。上 14 味共研细末，加炼蜜 500g 为丸，如梧子大。每服 9g，每日 2 次，早晚饭前一小时温水送下。

妊娠水肿，又名“子肿”，是临床常见症。但患者肿胀加重，尿量减少，体重日增，若延误就医，难免中毒。周风梧认为，本病的病机是脾肾阳虚，但各有偏重，偏脾虚者，宜健脾利水，白术散为主方；偏肾虚者宜温阳利水，真武汤为主方（方中附子有毒，恐伤胎，可改为桂枝）；脾肾俱虚者，两方可以化裁合用。如辨证明确，用药确当，自不难取效而保产。倘必胶柱鼓瑟，机械从事，就很难取得好的效果。

他将妇科治法概之为补肾填精、疏肝养肝、健脾调胃、调和气血四法。养肾肝即是益冲任之源，源充则流自畅，疾病自可痊愈；健脾胃即是用药不宜过用滋腻克伐之品，免伤脾胃正气，祸及后天之本；调和气血，任通冲盛，则经、带、胎、产周期不乱，身体无病。有病用药仍以调和气血为要旨，不宜耗散，以防滞血滞气或伤气伤血。

周凤梧治小儿之病非专攻，他临证时不敢有丝毫疏怠。“宁看十妇人，不看一小儿”的说法并不是虚言。元代危亦林在《世医得效方·小方科》有云：“为医之道，大方脉为难，活幼尤难。”古人云：“难治者，莫如小儿，名之曰哑科。以其疾痛烦苦不能自达；且其脏腑薄，藩篱疏，易于传变；肌肤嫩，神气怯，易于感触；其用药也，稍呆则滞，稍重则伤。故不通化之源者，断不可作儿科也。”

周风梧深知小儿体禀少阳，天癸未行，脏腑柔弱，易虚易实，易寒易热，证情极为复杂。他曾治愈小儿急性黄疸型肝炎、儿瘦、唾多流涎、小儿强中等多种小儿疾病，效验均佳。他说，小儿为稚阳之体，不任克伐。投药以药味平和，组方须慢功缓图，不苦不涩，无吞咽之难为要。如施小儿调胃散治瘦证，方用炒山药90g，建曲 90g，清半夏 75g，藿香 60g，炒麦芽 45g，炒谷芽 45g，炒枳实 60g，橘皮 45g，木香 45g。上 9 味共研细末。每次服 1.5g，每日 2 次，加白糖温水调服。该药主治小儿脾胃虚弱、消化不良、肚大青筋、多食消瘦或胃呆纳少、大便不畅等证，效验明显。

“小儿强中证”是周风梧遇到的最为棘手的

小儿病。所谓“小儿强中”是指小儿阴茎无故坚硬勃起，而久久不痿。这种病发生在小儿身上实在罕见。

患儿刘某，男，3 周岁。1983 年 4 月 10 日初诊。家长代诉：患儿阵发性阴茎勃起，伴有痛苦不适已有五月余，近两月加重。病史：1982 年 11 月，该患儿突然频繁呕吐，腹部不适难忍，同时阴茎勃起，哭闹不安，日发 3～7 次，每次数十秒钟。经中医推拿，西医对症治疗，十几天后渐趋平复。1983 年 1 月，因感冒发烧，鼻出血，旧病复发频繁，且逐渐加重，阴茎勃起日达 20 余次，每次持续数分钟。是年 3 月以后，多于早上醒后发作，晚上明显减少。约半年内辗转数家中西医医院，未见效果。

初诊见患儿发育一般，面色憔悴，脉弦，苔少，舌红而燥。不发作时，唯口干多饮，余皆正常。患儿自出生 3 个月始，反复腹泻、呕吐，至两岁方愈。之后，时有便秘、鼻衄等症。

审其舌脉，度其病情，确定为强中证。

周风梧认为，小儿稚阴稚阳之体，不耐损伐，长期吐泻，胃阴不足。胃属阳明，阳明主宗筋，“前阴者宗筋之所聚”；且久病及肾，更致肾阴亏虚，不能涵木，肝必失滋养。肝在体为筋，且足厥阴肝经之脉络阴器。阳明、厥阴亏则阳亢，故阴茎异常勃起。该病多发作于晨间，亦应肝气升发之时。此外，便秘、鼻衄、口渴多饮亦为阳明实热之象。治当滋水涵木，兼清阳明。但患儿长期服药，胃气大伤，当先以谷气养胃气，以固后天之本，故暂不给药内服，拟外用方稍息之。玄明粉 10g，纱布包扎，每晚睡前外敷于两手心，连用一周。《本草从新》载，玄明粉性咸寒软坚，能治阳强之病。外用即先挫阳强之势。

4 月 16 日复诊。用上方后，阴茎勃起次数减少，胃纳亦佳，遂疏方内服。用大补阴丸合玉女煎化裁，少佐肉桂引火归原以滋阴潜阳，兼清阳明。

方剂：生地黄 12g，炙龟甲 9g，知母 6g，黄柏 6g，生石膏 24g，麦冬 6g，北沙参 6g，肉桂 1.5g。上 8 味水煎服，日服 1 剂。

进药 6 剂后诸症皆轻。原方加减再进 2 剂，基本痊愈，遂停药，仍用玄明粉外敷 3 次，以巩固之，病竟全瘥。追访一年，未再复发，该儿健康、活泼、发育良好，甚感欣慰。

医药同一理　治病练于药

周凤梧对方药的兴趣始于济南永安堂药店坐堂行医，而将方剂学定为主攻，则是他任山东中医学院中药方剂教研室主任之时。他原本对药物的药性、药能、药征及炮制、调剂、用量、煎法和组方已有了广博知识，但他仍以为攻读药学须从博至约，追本溯源，下一番辨识精粗、真伪的工夫。

诸多本草著作，他首推清代汪昂的《本草备要》和吴仪洛的《本草从新》。周凤梧认为，《本草备要》所选之药均为临床常用药物之上品，既实用又便于记住。《本草从新》对前书再次增删补改，尤为可信可用。中医师日常处方用药一般熟练掌握 200～400 味常用之药已够，然而他告诫说，这些药物还须临床反复温习，才能运用自如，若想依此一劳永逸，是不现实的。

对于医理与药理关系，他认为："中医中药相互依存，医理药理同为一理。理法方药中的'药'字，除了传统界定的意义之外，还应包括药之品种辨析、炮制方法、剂型选择等方面的内容。"

他说：自古以来良医未有不识药者，张仲景、孙思邈、李时珍皆是如此。为医不识药是一大缺憾。明代张景岳云："凡诊病施治，必先诊阴阳，乃为医道之纲领。阴阳无谬，治焉有差？医道虽繁，而以一言以蔽之者，曰阴阳而已。故证有阴阳，脉有阴阳，药有阴阳。若能明彻阴阳，则医理虽玄，思过半矣。"

他举例说，医生处方只管写药名，却不知道药物的基原是什么；调剂员照方抓药，亦不管能否治病。二者只在字面保持一致，实际上所需所给有时并非一物。比如片姜黄与色姜黄是热寒不同、功用各异的两味药，若错投或代用，不论何病，凡方中之姜黄皆以片姜黄或色姜黄付之，可能导致疗效的起伏。

什么是药？周凤梧说："凡是能够治疗疾病的物品，就统称之为药。"《类经》云："药以治病，因毒为能。所谓毒者，以气味之有偏也。盖气味之正者，谷食之属是也，所以养人之正气；气味之偏者，药饵之属是也，所以去人之邪气。其为故也，正以人之为病，病在阴阳偏胜耳；欲救其偏，则为气味之偏者能之，正者不及也。是凡可辟邪安正者，均可称为毒药，故曰毒药攻邪也。"因此，周凤梧说，药物只是补偏救弊的东西，不可久服，否则导致脏气偏胜，反导致疾病。

"药"字包括药物辨识、剂型选用、炮制、煎煮和制剂方法。就煎法而言，又有先煎、后入、浓缩、兑汁、包煎、烊化及毒药煎法等内容。他说："为医只有知医知药，知人知病，临证才能胸有成竹，药到病除。若为医只会辨病而不识药，即使处一得之方，亦须合宜之药，效疗方显。"

所谓"知药"，就是熟悉药材的药性、药味、归经、功效、配伍及原生地。周凤梧指出，《伤寒论》第 222 条"渴欲饮水，口干舌燥者，白虎加人参汤主之"；《金匮要略·消渴小便不利淋病脉证并治第十三》"男子消渴，小便反多，以饮一斗，小便一斗，肾气丸主之"；《金匮要略·妇儿产后病脉证治第二十一》"产后腹痛，烦满不得卧，枳实芍药散主之"。对上述条文，许多人以为人参即红参。然红参性甘温，疗渴欲饮水症是不妥当的。肾气丸中干地黄现在用熟地黄，而熟地黄性甘温滋润，疗阴虚消渴，虽无不可，但总不甚贴切。许多注家大多从配伍上勉强解释，不得要领。

所谓“知人”，就是熟知患者的体质、年龄、病情、季节、地域、生活习惯等。因时、因地、因人，主方随证化裁，药物随证变通，方药才能得应其效。

周凤梧稔知组方法度，不仅配伍严谨，而且用药精当，体现了方以法立、法以方传的治则。他说，诗词有格律，组方也有法度。所谓法度，是指治疗疾病的法则及众多方剂中总结出来的治疗规律。《神农本草经》序例中云：“药有阴阳配合……有相须者，有相使者，有相畏者，有相恶者，有相反者，有相杀者。”这些论述就是药物配伍运用的最早准则。他在此基础上提出了“相对配伍”的概念。

所谓“相对配伍”，就是把药的性味、功效、作用趋向等不同的药物，在一定的条件下，按照组方法度配伍组方的一种方法。邪气有轻重不同，禀赋有强弱之别，年龄有长幼之殊，性别有男女之分，地区有南北之异，同一种病因人而异，不可简单以同一类药物组方，而须“相对配伍”，才能方药中的，药到病除，屡见奇效。周凤梧从“相对配伍”为组方之法，提出以下七种配伍形式：

（一）补益药与祛邪药配伍

药物有补有泻，补药与泻药配伍，适用于虚实夹杂之证，或增强补益药之功效。表散药与补益药配伍，适用于体虚而有表邪之证，若在表散中适当加入补气、助阳、滋阴之品，疗效尤显。攻下药与补益药配伍，适用于里有实而正气虚者，此类患者或因素体亏虚，或因误治而气血双亏，或因津液不足，或因阳气虚乏，故不攻则不能去其实，不补则无以救其虚，攻与补为伍，两者兼顾。清热药与补益药配伍，适用于里有热而气津已伤者，如石膏与人参配伍，则“石膏凉散之力与人参补益之力互相化合，能旋转于脏腑之间，以搜剔深入之外邪，使之净尽无遗”（张锡纯语）。消导散结药与补益药配伍，适用于气滞、血瘀、痰聚、食积等而兼有虚证者，如消痞散结的枳实与补气健脾的白术配伍，用于脾胃虚弱、运化失司之饮食停滞，腹胀痞满。通利药与补益药配伍，适用于宜通而兼虚证者，如利尿的猪苓、泽泻与阿胶配伍，通利血脉的细辛、芍药与当归配伍，下乳的穿山甲、王不留行与当归、黄芪配伍等。

（二）寒凉药与温热药配伍

寒凉药与温热药配伍，适用于寒热互见证，即外寒内热，或恶寒互结，或上热下寒者。如桂枝与石膏配伍、桂枝与大黄配伍、干姜与黄连配伍等。又如附子与大黄配伍，去大黄之性，取大黄之用，“去性存用”，两者虽寒热性异，但并用共成温下之良方。

（三）补阴药与补阳药配伍

张景岳云：“善补阳者，必于阴中求阳，则阳得阴助而生化无穷。善补阴者，必于阳中求阴，则阴得阳升而泉源不竭。”周凤梧在《论补肾之组方》中说：补肾阴之古方，如六味地黄丸、大补阴丸、知柏地黄丸、左归饮、左归丸等，其主要组成部分多为熟地、山茱萸、山药，三者均有补肾之效。其中，熟地为补肾中元阴之正药；山茱萸协熟地养心血，补肝心，血足可以转化为精；山药补脾、肺之气而运化呼吸及水谷之精微，转输于肾而充精气。三者兼顾五脏，各司其职。乍看诸补肾阴之药中阴药比阳药还重，补阴方中为什么不是“阳中求阴”？周凤梧解释道：古方补肾阴药物配伍，力主补中有通，补中有泻，这是阳中求阴之变通之法，阳中求阴用补阳之药物为主法，两法只要在确保激发阳化之机，调用自身的真阴以化阳，即为阴中求阳。

（四）升浮药与沉降药配伍

升浮药与沉降药是两类作用趋向不同的药物，两者配伍以调气机之升降。清代石寿堂云：“用药治病，开必少佐之阖，阖必少佐以开，升必少佐以降，降必少佐以升。或正佐以成辅助之功，或反佐以作向导之用。”开阖升降为气机调节的方式。周凤梧说，润肠通便的肉苁蓉，配以升举清阳的升麻以治疗大便不通，在补脾升阳药中伍以赭石以降胃气。

（五）辛散药与酸收药配伍

辛散之药可散邪气，酸收之药能敛精气，两药配伍，散中有收，收不敛邪，邪去正复而致阴阳和平。

（六）刚燥药与阴柔药配伍

刚燥之药多为辛温（热）之性，阴柔之药多为甘凉（寒）之性；刚燥之药多有伤阴耗气之偏，阴柔之药常具滋腻碍胃之弊。若能将两类药合理配伍，即可纠偏补弊。如附子、白术与生地黄配伍。

（七）动静结合配伍

补血药与行血药配伍、止血药与活血药配伍即是动静结合配伍之实例。张秉承云：“血虚多滞，经脉隧道不能滑利通畅，又恐地（熟地黄）芍（白芍）纯阴之性，无温养流动之机，故必加当归、川芎辛香温润，能养血而行血中气者，以流动之。”如在多味止血药中配以少量活血药物，使血止而无留瘀之弊。

周凤梧提出“相对配伍”是按照组方法度，即以“法以证立，方从法出，以法统方”总治法为依据，总结历代医家组方经验而形成的观点。因此，“相对配伍”是临床常用的配伍方法之一。他用“相对配伍”法研究了多种经方，如桂枝汤证等，对辛甘温热配伍组方的阐释，更有高屋建瓴之处，别具一格。

他认为，药物的四性（寒、凉、温、热）和五味（酸、苦、甘、辛、咸）是中药药性理论的核心。学中药者若能熟谙其理，便能深知药物品性配伍的真谛。他说，《素问・至真要大论》中“寒淫于内，治以甘热，佐以苦辛，以咸泻之，以辛润之，以苦坚之”和“寒淫所胜，平以辛热，佐以甘苦，以咸泻之”是辛甘温热配伍组方的理论基础。辛味药温通助阳，甘味药益气化阳，合而用之，即含“辛甘化阳”之义。辛甘之品同属四性中的温热，温为热之渐，热为温之极，大热则为温之最。因此，辛甘温热剂又可分为性温和性热两种。

临床中，辛甘温热剂多用于阳虚证。以五脏而论，阳虚证有心阳虚、肝阳虚、脾阳虚、肺阳虚和肾阳虚；以病情轻重而论，有阳虚轻证和阳虚重证；以补阳之功力而论，有辛甘性温补阳力缓和辛甘性热补阳力峻。不同证型，随证组方施治。

以心阳虚证为例，探其组方施治特点。心阳虚是指各种外邪致心脏阳气不足，气血失于温运而引发的证候。心阳虚多由久病体虚，年老阳气虚衰；或外感汗出太过，耗损阳气；或素体禀赋不足，心阳不振，不能温运气血；或思虑过度，劳伤心神，心阴不足，阴损及阳，耗伤气血。症见：心阳虚轻证为心悸，胸闷，四肢微寒，倦怠慵乏，舌淡苔白，脉细弱；心阳虚重症为猝然心痛，体寒肢冷，手足唇鼻青紫晦暗，面色皖白，汗自出，脉沉细弱，舌淡胖嫩苔白，更甚者心阳暴失，宗气大泄，厥、脱、汗、息微、脉绝诸症并见，或猝然胸痛及背，心悸气短，面色苍白，喘不得卧，大汗淋漓，四肢厥逆，神志不清，舌淡紫暗，脉微欲绝。

辛甘温热剂组方：心阳虚轻证治宜温补心阳，配伍组方选用人参、炙甘草、桂枝、大枣等辛甘性温药，以合辛甘化阳、甘温益气、助阳须先益气之旨，桂枝甘草龙骨牡蛎汤主之。心阳虚重症治宜温阳逐寒，组方宜用肉桂、干姜、附子、乌头、川花椒、人参、炙甘草、黄芪等辛甘性热之品配伍。《医宗金鉴》云："既有附子之温，而复用乌头之速，佐干姜行阳，大散其寒，佐蜀椒下气，大开其郁，恐过于大散大开，故复佐赤石脂入心，以固涩而收阳也。”若心阳暴脱引发亡阳危证，则以辛甘大热之附子、干姜、肉桂为主，辅以甘温益气助阳之人参、黄芪、炙甘草等配伍组方。

周凤梧说，中药的四性、五味、归经等药性理论已被医家熟悉，然药性理论的真谛是四性和五味。药性的寒热凉温与五味配伍，可构成多种组方，以治不同疾病。常用的有辛温辛凉配伍，治头面或卫表之疾，如柴葛桂枝汤（《幼幼集成》）治小儿伤风证等；辛温甘寒配伍，可如桂枝甘草汤之温通心阳，但调和阴阳之妙却被近人忽视；辛温酸寒配伍，桂枝汤及其类方均属此种；辛温苦寒配伍，辛温开通气机，祛寒化瘀，和胃降逆；苦寒清热和胃，消痞除满，二者合用能调和中焦，升清降浊，多用于气郁、痰结、胸痹、痞满、湿热等证；辛温咸寒配伍，辛能行气解郁，咸能软坚散结，二者合用行甘气而化痰结，用于痰核、瘰疬、瘿瘤等证；苦辛合用，寒热补泻并投，用于肾阴不足，水不涵木，或肝（相）火妄动，横逆犯胃，胃阴被灼而变生诸证，病情寒热错综，虚实相兼，乌梅汤为代表方。

周凤梧对药性研究可谓炉火纯青，运用自如，所论观点丰富了中药学宝库。

治学倾全心　著述严把关

周凤梧出身于中医世家，成长过程中养成了读书的习惯。明代吕坤云："无地而不学，无时而不学，无念而不学，不会其全，不诣其极不止，此之谓学者"（《呻吟语》）。读书须不倦，不倦在固志。临床、教学、著述、绘画四件事伴他一生。临床体恤患者，对求诊者不分贵贱、贫富，一视同仁，无论工人、农民、车夫、贩卒、走艺、优伶、巨贾、显宦，一律热情相待，以仁爱之心，悉心诊治。贫苦患者，不收诊费，还助以药资。应诊时，态度和蔼，面带笑容，患者面前从不说是道非，评论他医。他以精湛医术和丰富的临床经验及朴实医风、高尚医德，深受患者爱戴和信赖。国内中医人才不足，渴望求知者广布各地，他自告奋勇承担辅导工作。凡全国各地寄来请求解惑释疑的文稿、信件，无论水平高低，问题深浅，皆认真审订、修改，及时邮复，从未因事繁忙而延误，更无拒之，深受后学敬重。

周凤梧爱读书、用书、写书。刘向《说苑》云："智莫大于阙疑，行莫大于无悔。"历代医家的著作帮助他开阔视野，增长见识，丰富知识，少做悔事。

一天，周凤梧读到唐代武周时期张说写的《钱本草》一文，曰："钱味甘，大热，有毒。归心、肺、脾、胃经。偏能驻颜，彩泽流润。贪婪者服之，以均平为良，如不均平，则冷热相激，令人霍乱。其药采用时，采至非理则伤神。此至流行，能役神灵，通鬼气。如积而不散，则有水火盗贼之灾生；如散不积，则有饥寒困厄之患至。一积一散谓之道，不以为珍谓之德，取与合宜谓之义，使无非份谓之礼，博施济众谓之仁，出不失期谓之信，人不防己谓之智。以此七术精炼方可。久而服之，令人长寿。若服之非理，则弱志伤神，切须记之。”

他读后赞不绝口，便铺纸磨墨，一气呵成，酣畅淋漓，写成《常用“中药”钱》一文。

他写道：“此文以药喻钱，以药论钱。在有人提倡‘一切向钱看’的今天，大有一读的必要。读后须深思之，探索之，躬行之，体验之。面对金钱，应精炼‘七术’，即道、德、礼、义、仁、信、智。如能具备这‘七术’的炮制方法，使热性转平，毒性减低，心情愉悦，就会健康长寿。不然如生吞活咽，则必损脾害胃，心悸不安，以至昏智迷神；若热毒发作，必致气溃身亡。不可不忌。”

《常用“中药”钱》是篇小文章，在周凤梧“诊余文抄”中并不特别耀眼，然而他以区区短文告诫后学，若想修成一位良医，须经“七术”

炮制，才可具仁爱之心、聪明理达、廉洁淳良的医德。

周凤梧一生勤于著述。先后主编或编著的著作有：《黄帝内经素问白话解》（1958 年）、《中医妇科学》（1973 年）、《中医方剂学》（上、下两册，1976 年）、《实用中医学》（1981 年）、《实用中医妇科学》（1985 年）、《黄帝内经素问语释》（1985 年）、《实用〈千金方〉选按》（1986 年）、《古今药方纵横》（1987 年）等。此外，他还编著了《本草经百五十味浅释》（1959 年）、《中药函授讲义》（1966 年）、《土单验方选编》（1976 年）、《长寿篇》（1984 年）、《药性赋注解》、《汤头歌注解》（1985 年）等普及读物和函授教材，共计 620 万字，可谓著述等身。

周凤梧善取众家之长，又博通经典，长于临床，深知读者的需求，他的著作深受广大读者喜爱。1966 年之后，由于“十年动乱”，有关方药的教材极感阙如。周凤梧立即编著了

《中药方剂学》，于 1973 年发行全国，印数达 8 万册之多，销售殆罄。《实用中药学》、《黄帝内经素问语释》、《实用中医妇科学》均印刷 3 次，仍供不应求。周凤梧著书崇尚实践，不尚空谈。论史必溯源追本，精萃史实；讲药必穷辨真伪；写病必结合临床，统以理、法、方、药，标以现代医学病名，补充旧本所未列病种；行文必用通俗文体，遵古又不泥古。

1980 年，年近古稀的周凤梧受邀担任《名老中医之路》（1～3 辑）主编，与其他两位主编张奇文、丛林合作编辑出版。三辑共计 70 余万字，记载当代全国名老中医 89 位，历经 3 年时间，史料翔实，笔墨晓畅，弥足珍贵。邓铁涛说："《名老中医之路》是一部 20 世纪当代名中医的'成才史'，是历史学的新分支，是一部世界独有的中医教育史，也是一本 20 世纪中医传奇文学。这本巨著是 21 世纪青年中医和有志于发扬中医药学的人的必读之书，是一部值得中医教育家和高等教育行政部门深入研究的重要著作。”

读者朱炳林以《到处逢人说凤梧》为题著文阐发收获。他写道：“要不是当年周先生他们深感抢救名老中医经验刻不容缓，我们也就得不到这份宝贵的医学财富。随着时间的流逝，已经成书的3册《名老中医之路》更加光彩照人！周先生他们做了件功德无量的好事，我哪能不逢人便说呢？”

2005年，《名老中医之路》三辑合订本出版，两年后再出版该书“续编”。合订本出版时，周凤梧仙逝10年了，而他的贡献却留在人们的心中。

周凤梧的晚年仍写作不辍，有“医论医话”23篇，“诊余文抄”26篇。他叹“时乎之不再来”！他坦言：“我为中医事业每完成一项任务，辄觉身心轻松，精神欣快，这是人生最高的奖赏、最大的享受，也从著述中获得不少的教益。”古人云：“习读书之业，便当知读书之乐；存为善之心，不必邀为善之名。”晚年的周凤梧已把读书、写作视为一件快乐之事，而且从容地享受愉悦。“学而时习之，不亦说乎？”

治学扬正气　泼墨以自遣

周凤梧除教学和临床之外，曾先后担任过《山东医刊》、《山东中医学院学报》、《山东中医杂志》、《齐鲁中医》等医刊的副总编、主编，对这些期刊给予支持和指导。“文不成熟，绝不签发；因人取文，违背大义”是他选取文稿的标准。

有位教授的文稿，内容佶屈聱牙，咬文嚼字，苦涩乏味，洋洋万言，不知所云。周凤梧读后认为辞藻固然华丽，却不知讲的是何物，坚持退稿不取。但对无名后辈则充满热情，奖掖鼓励。有位叫万方的长沙阀门厂青年工人，业余爱读医史，偶有所得，书写成文。1979

年，万方写了一篇处女作《医史研究三议》，文稿投寄几家杂志都被退回。他鼓足勇气又把稿件寄到《山东中医学院学报》，怀着忐忑之心等待回音。周凤梧读了该稿，眼睛一亮，一位工人能指出医史研究中的问题，实为不易。他嘱编辑回复作者该稿可用。在登载时他又以编辑部的名义写了按语，说："万方同志提出的问题是值得重视的。应当在医史研究和医史教学中清除非历史学的观点。"《山东中医学院学报》发表万方的文章后，引起了中医史界的重视。万方于当年被调进湖南省湘潭师专中国科技史研究室当了老师。1985 年，万方又在《山东中医学院学报》发表了他的《自学医史浅陋谈》一文。周凤梧再次执笔写下按语："一个初中程度的人，自学成才，而且有如此深湛的造诣，实在令人钦佩！'百善勤为先，万恶懒为首'，'业精于勤'，诚者斯言！本人可为青年人的模范，本文可给后学以启迪。"这一番怀着深厚情感的评说寄托着他对青年人的厚望。

他经常说："一个刊物内的每一篇文章，要看它能够给读者多少东西，作为取舍标准；故凡高谈阔论，空泛无物，或华而不实之作，概爰莫能取焉。"在周凤梧办刊思想及严谨学风的熏陶下，他主编的三家期刊在行业内均享有较高的评价。

周凤梧性情耿介，直言不讳，难免得罪他人，遭人责难。但山东省中医学会之事，大至工作规划，小至一个学术会议，甚至评选学术论文，大多请他主持。自 20 世纪 50 年代调到省中医学会起，他的博学、开明、公正、果断的作风就备受同行的敬重和称赞，从而树立了很高的威望。对全国或山东省中医工作中存在的问题，他敢于提出个人意见，赤胆忠心，无所顾忌。而这些意见是经他思考多时，又来自业内外，常常能切中时弊，言而有据，他人很难推拒。20 世纪 80 年代中期，他发表了一篇题为《谈目前中药工作的几个问题》的文章，指出："目前药品短缺，质量低下，临床药学工作亟待开展等问题普遍而严重地存在着，极大地影响了医疗工作。药之于医，犹皮之与毛，皮润毛荣，皮枯则毛衰；皮之不存，毛将焉附？故繁荣中医，必先发展中药；药之于医，亦犹工之与器，工欲善其事，必先利其器，故欲提高疗效，必先提高药效。"他认为，药材短缺问题的症结在于生产、管理、价格三者关系处理不当；而解决问题的办法不外开源和节流两条道路。他说："开源主要是药材部门的工作。要认识到中药材是一种特殊产品，在产销矛盾上有更加突出的多面性和复杂性，必须兼顾目前急需和保护药源两个方面。采取特殊政策和科研手段改变生产途径和经营管理方式，从根本上解决问题。另一条措施是扩大应用品种，医药双方都有责任。"在节流方面，他提倡开小方和应用煮散。他说：近些年来，出现了一股处方庞杂的歪风，一剂汤药动辄二三十味，有的重量竟达一公斤，不仅严重影响了医疗质量，而且造成极大浪费。群众反映："宁喝十碗治病药，不灌一锅杂烩汤。"煮散是将药材粉碎成粗粒，煮后去渣服用的剂型。煮散有效成分易于浸出，用相当于汤剂三分之一的剂量即可达到与汤剂相同的效果。

在这篇近万言的文章中，周凤梧充分发表了对中医药工作的观点，批评有据，建议可行，言自肺腑，情可动容。因此，他的文章引起了中医界广泛好评，受到了主管部门的高度重视并被采纳。

学生刘持年说："先生对中医敢于提出个人见解，敢于坚持正确的意见，逆水行舟，知难而进。甚至忍辱负重，遭人责难。但先生横眉冷对，昂首直前，表现了一个正直中医的风骨气概。"正如先生在《光明中医》题词中所言："我是四代中医，只要为中医事业的振兴，责无旁贷，甘愿鞠躬尽瘁，死而后已。”

周凤梧自 19 岁时随名画家黄固源学画后，每于医教之暇泼墨绘画以自遣，终年不辍。工花鸟、人物、虫兽，尤善画虎。常以医画共论，新意盎然。他说：“医画相通，画讲画格，医为仁术，画格为人格的投影，医德为仁者之高。做人之道，天行健；为医之道，没有高尚品德，宏远抱负，超越胆识，厚重学问，难成大器。”他以孔子“士不可以不弘毅，任重而道远。仁以为己任，不亦重乎”作为座右铭。为人、为医、为师、为画都求“外师造化”、“中得心源”，不游戏人生，光明磊落。

周凤梧画虎，常用题跋以言明哲。如“虎者阳物，百兽之长，能击鸷，性食魑魅者也。”“若害人之鬼，以苇索缚之，射以桃弧，投虎食也。”意表做人要学虎性，不畏魑魅，能食害人之鬼。

周凤梧画花，或雍容华贵，或群芳争艳；

画树，最喜松柏；除虎之外，画动物以鸳鸯、梅雀最为生动。无论画什么，务求神韵而非貌似。索画者，积纸盈尺。曾有人愿代售他的画作，周凤梧却回答道："我的画一钱不值，给钱不卖。只是以艺会友，所谓'秀才人情纸半张耳'。"凡好友求画者，碍于"纸半张"情面，难以启口回绝，为偿画债，耗费了他的大部分休闲时间。他叹道："一生哪有真闲日，百岁仍多未了缘。"

周凤梧的画参加山东省历年举办的画展，精品之作曾送至北京参加"全国民主党派成员作品展"。"群芳争艳"、"旭日苍松"、"呼啸生风"、"鸳鸯"、"梅雀"等作品均为多家期刊登载，有的还流传到美国、加拿大、日本、韩国及中国台湾、香港地区。

他一生荣誉称号难计，然淡泊如故。他说："荣誉只能说明过去，在研究中医科学事业上，永远有攀不完的高峰。"1997 年山东的《联合日报》刊载他的专访文章，谓其“四乐斋主人”。四乐即“奉献为乐，助人为乐，书画最乐，知足常乐”。然而，就在这一年的 9 月 10 日，周凤梧因劳累过度突发心肌梗死而仙逝，享年 85 岁。

学生邹积隆、刘持年、王永新合写了一篇题为《白绢朵朵寄哀思》的纪念文章，记述了告别仪式哀痛状况。文章写道：“淅淅沥沥的小雨一直下着，告别厅里，鲜花簇簇，白绢朵朵，周老安详地睡在万花丛中，身上覆盖着中国共产党党旗，来自全国各地的学生及好友依次向这位医界泰斗肃立致哀。守护在一旁的我们，透过泪水模糊的双眼凝望着老师的仪容，平日里那位热情洋溢、谈笑风生的周老师哪里去了？”

“钢笔是武器，阵地是处方，三个指头探明病魔来路，一双慧眼望穿罹患迷障。一生戎马倥偬，两鬓吐絮如飞霜。指挥无数扶正祛邪的战斗，培养几多杏坛精兵与良将。半个世纪的风风雨雨，写就十部辉煌的乐章。抽暇翰自遣，丹青百花齐放，笔下莺歌燕舞，纸上寒梅生香。”这是一位相交如故的好友题赠的一轴条幅，以赋叙事抒情，概括了周凤梧辉煌的一生。情绵绵，意切切，录此以作本传的结束。

（撰稿人　吴石忠）

《中华中医昆仑》丛书 150 位医家名录

（按生年排序）

张锡纯	丁甘仁	萧龙友	王朴诚	恽铁樵
曹炳章	冉雪峰	谢　观	施今墨	汪逢春
孔伯华	黄竹斋	吴佩衡	蒲辅周	陈邦贤
李翰卿	李斯炽	姚国美	陆渊雷	张泽生
时逸人	张梦侬	叶橘泉	王聘贤	陈慎吾
邹云翔	赵炳南	承淡安	余无言	刘惠民
岳美中	沈仲圭	秦伯未	赵锡武	韦文贵
程门雪	黄文东	赵心波	董廷瑶	吴考槃
章次公	石筱山	陆南山	张赞臣	李聪甫
刘绍武	陈存仁	朱仁康	陆瘦燕	姜春华
韩百灵	高仲山	李克绍	王鹏飞	刘春圃
金寿山	哈荔田	何世英	周凤梧	干祖望
关幼波	王为兰	任应秋	罗元恺	祝谌予
杨医亚	郭士魁	何时希	耿鉴庭	俞慎初

裘沛然	顾伯华	江育仁	邓铁涛	门纯德
刘渡舟	尚天裕	朱良春	李玉奇	程士德
尚志钧	赵绍琴	董建华	米伯让	李辅仁
张珍玉	班秀文	颜正华	于已百	颜德馨
路志正	方药中	王乐匋	黄星垣	谢海洲
余桂清	何　任	王子瑜	程莘农	陈彤云
焦树德	张作舟	张　琪	李寿山	张镜人
王绵之	方和谦	印会河	王玉川	蔡小荪
李振华	马继兴	王嘉麟	宋祚民	刘弼臣
王雪苔	刘志明	吴咸中	李今庸	任继学
裴学义	王宝恩	周霭祥	贺普仁	唐由之
赵冠英	许润三	金世元	陆广莘	刘柏龄
徐景藩	吉良晨	吴定寰	沈自尹	王孝涛
张灿玾	周仲瑛	强巴赤列	张代钊	李经纬
郭维淮	柴松岩	苏荣扎布	陈可冀	李济仁
夏桂成	郭子光	巴黑·玉素甫	张学文	陈介甫